SH - IV - 92

Joachim Eicke

BLICK
auf Schleswig-Holstein

Verlag
Heinrich Möller Söhne GmbH
Rendsburg

Sämtliche Luftaufnahmen sind freigegeben vom
Minister für Wirtschaft und Verkehr
des Landes Schleswig-Holstein

Luftaufnahmen: Joachim Eicke,
ISBN 3-87550-025-3

Druck: Heinrich Möller Söhne GmbH
Buchbinderische Verarbeitung: Ladstetter+Co., Hamburg

© Verlag: Heinrich Möller Söhne GmbH

3. verbesserte Auflage

1980

Schleswig-Holstein aus der Möwenperspektive: Mit diesem Buch ist einer der schönsten Bildbände über unser Land entstanden.

Seit dem Ende des Zweiten Weltkrieges befindet sich Schleswig-Holstein in einem dynamischen Prozeß der Umwandlung aus einer vorwiegend landwirtschaftlich orientierten preußischen Provinz in ein modernes Bundesland mit gemischter landwirtschaftlicher und industrieller Struktur und einem umfassenden Angebot des Fremdenverkehrs. Schleswig-Holstein hat auf diesem Weg große Fortschritte gemacht. Was der vorliegende Bildband allerdings nachdrücklich beweist: Trotz allen Fortschritts ist es gelungen, die schleswig-holsteinische Landschaft in ihrer ganzen Ursprünglichkeit und Faszination zu erhalten. Wer diese Bilder mit Muße betrachtet, die Küsten, die Seen, die Weite der Marsch oder die Einsamkeit der Halligen, wird verstehen, warum immer mehr Menschen in dieses Land zwischen Nord- und Ostsee ziehen, warum immer mehr Bürger aus nah und fern hier ihre Erholung suchen, wo Luft und Wasser noch sauber sind und die Menschen noch nicht so sehr wie anderswo der Hektik des Alltags unterliegen.

Wenn dieses Buch vielen Lesern neue Informationen durch das Bild erschließt und die Schönheit unseres Landes noch mehr Mitbürgern nahebringt, hat es seinen Zweck erfüllt.

Dr. Gerhard Stoltenberg
Ministerpräsident

Schleswig-Holstein in Zahlen

Bevölkerung
Einwohner 2 584 000
 weiblich 1 344 000
 männlich 1 240 000
Bevölkerungsdichte 165 Einwohner je km²

Geographische Angaben
Fläche 15 678 km²
Küstenlänge Ostsee mit Fehmarn 384 km
Küstenlänge Nordsee mit Inseln 536 km
Landgrenze mit Dänemark 67 km
Landgrenze mit DDR (Mecklenburg) 133 km
Landgrenze mit der Stadt Hamburg 121 km
Elbgrenze mit Niedersachsen 114 km

Industrie 1976/77
2308 Betriebe mit 176 450 Arbeitnehmern

Fremdenverkehr (Sommerhalbjahr 1976)
2,32 Millionen Gäste
mit 21,77 Millionen Übernachtungen
sowie über 10 Millionen Übernachtungen
auf Zeltplätzen und in Kinderheimen

Landwirtschaft (1977)
Betriebe (über 0,5 ha) 37 839
Landwirtschaftlich genutzte Fläche:
1,109 Millionen ha
Waldflächen: 141 000 ha,
davon 66 750 ha Laubholz
Anlandungen der Kutter-
und Küstenfischerei: 40 000 Tonnen

Schulen und Hochschulen
Schüler an allgemeinbildenden
Schulen (1976/77): 437 145
Schüler an berufsbildenden Schulen: 83 500
Studenten an Hochschulen
und Fachhochschulen: 20 000

Gesundheitswesen (1. 1. 1976)
Krankenhäuser: 123
Betten: 27 400
Ärzte: 6 057, einschließlich Krankenhaus-Ärzte
Zahnärzte: 1 477

Straßennetz (1. 1. 1976)
Bundesautobahn: 258 km
Bundesstraßen: 1 987 km
Landesstraßen: 3 616 km
Kreisstraßen: 3 623 km
Gemeindestraßen: 18 516 km

Kanäle, Flüsse, Seen
Nord-Ostsee-Kanal 99 km lang,
Elbe-Lübeck-Kanal 62 km lang
Eider 188 km lang, davon 120 km schiffbar
Trave 118 km lang, davon 53 km schiffbar
Großer Plöner See 29 km² und 60 m tief
Selenter See 22 km² und 34 m tief
Großer Ratzeburger See 14 km² und 24 m tief

Population
Inhabitants 2 584 000
 Women 1 344 000
 Men 1 240 000
Population density 165 inhabitants per km²

Geographical data
Area 15 678 km²
Baltic coast with Fehmarn 384 km
North Sea coast with islands 536 km
Frontier with Denmark 67 km
Frontier with GDR (Mecklenburg) 133 km
Frontier with Hamburg 121 km
Elbe frontier with Niedersachsen 114 km

Industry 6/77
2 308 enterprises with 176 450 employees

Tourism (summer half-year of 1976)
2,32 millions of guests with
21,77 millions of stays over night
as well as more than 10 millions of stays over
night on camping places and in children homes

Agriculture (1977)
Farms (above 0,5 ha): 37 839
Area used for agricultural purposes:
1,109 millions of ha
Forest areas: 141 000 ha,
therefrom leaf-wood areas: 66 750 ha
Landings of the cutter and coastalfishery:
40 000 t

Schools and universities
Pupils at public schools (1976/77): 437 145
Pupils at schools
for occupational guidance: 83 500
Students at universities
and specialized high-schools: 20 000

Public health (1-1-1976)
Hospitals: 123
Beds: 27 400
Doctors: 6 057, incl. hospital doctors
Dentists: 1 477

Road-system (1-1-1976)
Federal motor-ways: 258 km
Federal roads: 1 987 km
Federal-land roads: 3 616 km
District roads: 3 623
Community roads: 18 516 km

Canals, rivers, lakes
North-Sea-Baltic Canal – 99 km long
Elbe-Lübeck Canal – 62 km long
Eider – 188 km long, therefrom 120 km navigable
Trave – 118 km long, therefrom 53 km navigable
Grosser Plöner See 29 km² and 60 m deep
Selenter See 22 km² and 34 m deep
Gr. Ratzeburger See 14 km² and 24 m deep

Population
Habitants 2 584 000
 Femmes 1 344 000
 Hommes 1 240 000
Densité de la population 165 habitants par km²

Données géographiques
Superficie 15 678 km²
Côte Baltique avec Fehmarn 384 km
Côte de la mer du Nord avec les îles 536 km
Frontière avec le Danemark 67 km
Frontière avec la RDA (Mecklenburg) 133 km
Frontière avec Hambourg 121 km
Frontière sur l'Elbe avec Niedersachsen 114 km

Industrie 6/77
2 308 entreprises avec 176 450 employées

Tourisme (semestre d'été de 1976)
2,32 millions d'hôtes avec
21,77 millions de nuits passées
ainsi que plus de 10 millions de nuits passées
au camping et dans des maisons d'enfants

Agriculture (1977)
Fermes (plus de 0,5 ha): 37 839
Superficie utilisée pour des fins agricoles:
1,109 millions de ha
Superficie boisée: 141 000 ha, d'en 66 750 ha
en bois d'arbres à feuilles caduques
Abordages de la pêche côtière et en cotre:
40 000 t

Ecoles et universités
Elèves aux écoles primaires
et secondaires (1976/77): 437 145
Elèves aux écoles professionnelles: 83 500
Etudiants aux universités et aux écoles
supérieures spécialisées: 20 000

Hygiène publique (1-1-1976)
Hôpitaux: 123
Lits: 27 400
Médecins: 6 057, y compris les médecins dans les hôpitaux
Dentistes: 1 477

Réseau routier (1-1-1976)
Autoroutes fédérales: 258 km
Routes fédérales: 1 987 km
Routes de land: 3 616 km
Routes de district: 3 623 km
Routes communales: 18 516 km

Canaux, rivières, lacs
Canal de la mer du Nord à la mer Baltique, longueur 99 km
Canal Elbe-Lübeck, longueur 62 km
Eider, longueur 188 km, d'en navigables 120 km
Trave, longueur 118 km, d'en navigables 53 km
Grosser Plöner See 29 km², profondeur 60 m
Selenter See 22 km², profondeur 34 m
Gr. Ratzeburger See 14 km², profondeur 24 m

Herzlich begrüßt wird jedes Schiff am „Willkomm Höft" in Schulau an der Elbe.

Each ship is heartily welcomed at "Willkomm Höft" in Schulau on the Elbe.

Tout bateau est salué cordialement à «Willkomm Höft» en Schulau sur l'Elbe.

Glückstadt, idyllische Hafen- und alte Festungsstadt an der Elbe.

Glückstadt, idyllic seaport and old fortress on the Elbe.

Glückstadt, port idyllique et vieille forteresse sur l'Elbe.

◀ Windmühlen – Romantik in Beidenfleth an der Stör.

Windmill-romance at Beidenfleth on the Stör.

Moulins à vent – Romantique à Beidenfleth sur la Stör.

Die Elbschleusen am Nord-Ostsee-Kanal – ein eindrucksvolles Bild von Brunsbüttel.

The locks on the Elbe at the Kiel Canal – an impressive picture of Brunsbüttel.

Les écluses de l'Elbe sur le canal de la mer du Nord à la mer Baltique – une image impressionnante de Brunsbüttel.

Auf dem Weg nach England passiert die Hochseefähre „Prins Hamlet" den Leuchtturm „Elbe III".

On her way to England the ocean-going ferry "Prins Hamlet" is passing the light-house "Elbe III".

En voyage à l'Angleterre le ferry-boat de haute mer «Prins Hamlet» passe le phare «Elbe III».

Eines der letzten seiner Art: Feuerschiff „Elbe I", ein traditionsreicher Wegweiser der Schiffahrt.

One of the last of her kind: Lightship "Elbe I", a naval guide with a long tradition.

Un des derniers de son genre: Le bateau-feu «Elbe I», un guide naval avec beaucoup de tradition.

Helgoland, rotes Felseneiland in der Nordsee, berühmt für sein Heilklima und den zollfreien Einkauf.

Helgoland, the red rocky island in the North Sea, famous for its healing climate and duty-free shopping.

Helgoland, l'île rocheuse rouge dans la mer du Nord, célèbre pour son climat curatif et l'achat exempt de douane.

Herber Zauber der Natur: Helgoland und seine Düne im Gegenlicht.

Rough fascination of nature: Helgoland and its dune at backlight.

Charme amer de la nature: Helgoland et sa dune à contre-jour.

In der Sonne aalen sich die Seehunde auf einer der vielen Sandbänke in der Nordsee.

Seals are lazing in the sun on one of the many sand-banks in the North Sea.

Les phoques s'étirent au soleil surun du grand nombre de bancs de sable dans la mer du Nord.

Friedrichskoog, Fischereihafen und aufstrebender Erholungsort an der Westküste.

Friedrichskoog, fishing port and go-ahead health-resort on the western coast.

Friedrichskoog, port de pêche et place de repos avançant sur la côte occidentale.

Stets Ziel vieler Schaulustiger: Krabbenkutter liegen bei Ebbe vor Büsum im Watt.

Always the destination of many sight-seers: Shrimp fishing boats lying at ebb-tide off Büsum on the tidal mud-flats.

Toujours la destination de beaucoup de curieux: Des bateaux de pêche des crevettes à marée basse à la hauteur de Büsum sur le bas-fond.

Büsum – ein vielbesuchtes Nordseebad, bekannt auch durch seinen Hafen und den Schiffbau.

Büsum – a busy North Sea watering-place, known also by its port and its ship-building industry.

Büsum – une plage populaire sur la mer du Nord, connue aussi par son port et son industrie navale.

Über den Nord-Ostsee-Kanal spannt sich die Hochbrücke bei Grünenthal.

The bridge over the Kiel Canal at Grünenthal.

Le pont de chemin de fer à Grünenthal sur le canal de la mar du Nord à la mer Baltique.

Krempe, umgeben von fruchtbarer Marschlandschaft, eine der schönsten historischen Kleinstädte Schleswig-Holsteins.

Krempe, surrounded by fertile marsh land, is one of the most beautiful historical small towns of Schleswig-Holstein.

Krempe, environnée d'une région marécageuse fertile, une des petites villes historiques les plus belles de Schleswig-Holstein.

Vor den Toren Itzehoes liegt Schloß Breitenburg, der Stammsitz der Grafen von Rantzau, mit seiner weltberühmten Bibliothek.

Outside the gates of Itzehoe Breitenburg Castle is situated, the ancestral seat of the earls of Rantzau, with its world-famous library.

Devant les portes d'Itzehoe le château de Breitenburg est situé, la résidence de famille des comtes de Rantzau, avec sa bibliothèque célèbre dans le monde entier.

Itzehoe, eine der ältesten Städte Schleswig-Holsteins, der wirtschaftliche und kulturelle Mittelpunkt des Kreises Steinburg.

Itzehoe, one of the oldest towns of Schleswig-Holstein, the economic and cultural centre of the district of Steinburg.

Itzehoe, une des plus vieilles villes de Schleswig-Holstein, le centre économique culturel du district de Steinburg.

Elmshorn – moderne Stadt im größten Baumschulgebiet Europas.

Elmshorn – a modern town in the largest tree planting area of Europe.

Elmshorn – une ville moderne dans la plus grande région pépinière de l'Europe.

Inmitten wogender Getreidefelder und grüner Wiesen – leuchtende Rosenpracht bei Uetersen.

In the midst of waving corn-fields and green meadows – the bright beauty of roses at Uetersen.

Au milieu de champs de céréales ondoyants – la beauté éclatante de rosiers près d'Uetersen.

Wilster: Zentrum der Wilstermarsch, weithin bekannt durch seinen historischen Marktplatz.

Wilster: Centre of the Wilstermarsch, well-known by its historical market place.

Wilster: Centre de la Wilstermarsch, connu au loin par sa place du marché historique.

Heide, die Kreisstadt der alten Bauernrepublik Dithmarschen, mit dem großen Marktplatz.

Heide, the district-town of the old peasant's republic of Dithmarschen with its large market place.

Heide, le chef-lieu de district de la vieille république paysanne de Dithmarschen avec sa grande place du marché.

Ein wasserbautechnisches Meisterwerk ist der Eiderdamm bei Tönning.

The Eider dam near Tönning is a master piece of water architecture.

Le barrage sur l'Eider tout pres Tönning est un chef-d'œuvre de l'architecture hydraulique.

Grachten und Grün zieren die alte Holländersiedlung Friedrichstadt an der Eider und Treene.

Canals and fresh green adorn the old Dutch colony Friedrichstadt on Eider and Treene.

Des canaux et de la verdure ornent la vieille colonie hollandaise Friedrichstadt sur Eider et Treene.

Der Ferienort Süderstapel an der Eider ist weithin bekannt als Storchenparadies.

The holiday-place Süderstapel on the Eider is well-known as stork's paradise.

Le lieu de vacances Süderstapel sur l'Eider est connu au loin comme paradis des cigognes.

Auf der kilometerlangen Sandbank vor St. Peter-Ording sind die Strandsegler zu Hause.

On the kilometer-long sand-bank of St. Peter-Ording the shore cruisers are at home.

Sur le banc de sable avec une longueur de plusieurs kilomètres à la hauteur de St. Peter-Ording ceux-ci qui font voile de sable sont chez soi.

Garding, Zentrum der Halbinsel Eiderstedt.

Garding, centre of the peninsula of Eiderstedt.

Garding, centre de la péninsule d'Eiderstedt.

Husum, Theodor Storms graue Stadt am Meer, ist heute ein betriebsamer Hafen und gilt als das Herz Nordfrieslands.

Husum, the grey town at the sea of Theodor Storm, is today a busy port and considered to be the heart of Nordfriesland.

Husum, la ville grise sur la mer de Theodor Storm, est aujourd'hui un port actif et considérée comme le cœur de Nordfriesland.

Einsam im Wattenmeer: Blick auf Hallig Südfall.

Lonely in the shallows: View of the Hallig Südfall.

Seul dans les bas-fonds: Vue de la Hallig Südfall.

Die alte Kirche beherrscht weithin das Bild der Insel Pellworm.

The old church dominates to a great distance the scenery of the island of Pellworm.

La vieille église domine au loin l'image de l'île de Pellworm.

Warnzeichen für die Schiffahrt: der mächtige Leuchtturm „Großdün" auf Amrum.

Warning sign for the naval traffic: The big light-house "Großdün" on Amrum.

Avertissement naval: Le phare imposant «Großdün» sur Amrum.

Die Ferieninsel Amrum aus 3000 m Höhe.   The holiday island Amrum seen from an altitude of 3000 m.   L'île de vacances Amrum d'une hauteur de 3.000 m.

Wyk, das Herz der grünen Insel Föhr, ist zugleich Hafen für die Fähren zum Festland.

Wyk, the heart of the green island of Föhr, is as well the port for the ferries to the continent.

Wyk, le cœur de l'île verte de Föhr, est au même temps le port pour les ferry-boats vers la terre ferme.

Weiße Brandung vor dem weiten Strand der Nordseeperle Sylt.

White breakers on the wide shore of the North Sea pearl of Sylt.

Ressac blanc sur la grande plage de Sylt, la perle de la mer du Nord.

Hörnum, die Südspitze der Insel Sylt, hat viel von ihrer rauhen Ursprünglichkeit behalten.

Hörnum, the southern point of the island of Sylt, has guarded a lot of its rough primitiveness.

Hörnum, la pointe sud de l'île de Sylt, a gardée beaucoup de sa primitivité dure.

Das Rote Kliff bei Kampen auf Sylt.   The Red Cliff near Kampen on Sylt.   Le récif rouge pres de Kampen sur Sylt.

Flensburg – Grenzstadt zu Dänemark, ist die drittgrößte Stadt des Landes.

Flensburg – border-town to Denmark, the third biggest town of Schleswig-Holstein.

Flensburg – ville frontière vers le Danemark, la troisième ville en grandeur de Schleswig-Holstein.

Das Glücksburger Schloß mit Park, Orangerie und Museum gehört zu den schönsten Wasserburgen Deutschlands.

The Glücksburg-Castle with park, orangery and museum is one of the most beautiful water castles of Germany.

Le château de Glücksburg avec parc, orangerie et musée est un des plus beaux châteaux à eau de l'Allemagne.

Die dänischen Ochseninseln in der Flensburger Förde.

The Ox Islands in the Flensburg Fjord.

L'île de Bœuf dans la calanque de Flensburg.

Die dänischen Ochseninseln in der Flensburger Förde.

The Ox Islands in the Flensburg Fjord.

L'île de Bœuf dans la calanque de Flensburg.

Westerholz mit seiner Mühle an der Flensburger Förde.

Westerholz with its mill at the Flensburg Fjord.

Westerholz avec son moulin sur la calanque de Flensburg.

Die Silhouette der alten Schleistadt Schleswig wird weithin beherrscht von dem mächtigen Dom, in dem sich der weltberühmte Brüggemann-Altar befindet.

The sky-line of the old town of Schleswig on the Schlei is dominated to a great distance by the big cathedral in which the world-famous Brüggemann-altar is placed.

La silhouette de la vieille ville de Schleswig sur la Schlei est dominée au loin par la cathédrale imposante dans laquelle l'autel de Brüggemann, célèbre dans le monde entier, se trouve.

Eine technische Antiquität ist die Eisenbahn- und Straßen-Klappbrücke bei Lindaunis über die Schlei.

The railway and highway bascule bridge at Lindaunis over the Schlei is a technical antiquitiy.

Le pont-bascule de chemin de fer et de chaussée à Lindaunis sur la Schlei est une antiquité technique.

Die kleinste Stadt Deutschlands, das liebenswerte Arnis an der Schlei.

The smallest town of Germany, the lovely Arnis on the Schlei.

La plus petite ville de l'Allemagne, l'aimable Arnis sur la Schlei.

Kappeln an der Schlei gilt als ein besonders beliebter Seglerhafen.

Kappeln, sleepy place on the Schlei, is one of the most popular yachting ports.

Kappeln, une petite ville rêveuse sur la Schlei, est un des ports de yachting les plus populaires.

Das Leuchtfeuer bei Schleimünde weist heimkehrenden Schiffen den Weg.

The beacon at Schleimünde guides home-bound ships.

Le phare près de Schleimünde guide les bateaux qui rentrent.

Auf der grünen Wiese entstand Damp 2000, das moderne Ferien- und Therapiezentrum.

Damp 2000, the modern holiday and therapy centre, was constructed on the green meadow.

Damp 2000, le centre moderne de vacances et thérapeutique, a été contruite sur le pré vert.

Auf Gut Ludwigsburg haben die Trakehner ein neues Zuhause gefunden.

On the estate of Ludwigsburg the Trakehner horses have found a new home.

Sur la ferme de Ludwigsburg les Trakehner ont trouvé un nouveau domicile.

Eckernförde, das älteste Ostseebad in der Bundesrepublik, ist Ausgangspunkt für Bäderschiff-Fahrten nach Dänemark. Seetüchtige Fischkutter bieten die Möglichkeit für Hochseeangelfahrten.

Eckernförde, watering-place at the Baltic Sea and starting point for trips by boat to Denmark. Sea-going fishing boats offer opportunities for deep-sea fishing trips.

Eckernförde, plage sur la mer Baltique et point de départ pour des voyages en bateau vers le Danemark. Des bateaux de pêche navigables offrent l'opportunité pour entreprende des voyages en haute mer pour faire la pêche à la ligne.

Die Hüttener Berge sind einer der drei Naturparks im Kreis Rendsburg-Eckernförde

The Hüttener Berge are one of the three parks reservations in the district of Rendsburg-Eckernförde.

Les Hüttener Berge sont un des trois parcs naturels dans le district de Rendsburg-Eckernförde.

Rendsburg – Lebendiger Verkehrsknotenpunkt im Herzen Schleswig-Holsteins: Eisenbahnhochbrücke, Nord-Ostsee-Kanal und Tunnel gehören zu den technischen Sehenswürdigkeiten des Landes.

Rendsburg – busy place in the heart of Schleswig-Holstein: The railway bridge, the Kiel Canal and the street tunnel belong to the technical sights of the country.

Rendsburg – centre de trafic animé dans le cœur de Schleswig-Holstein: Le pont de chemin de fer, le canal de la mer du Nord à la mer Baltique et le tunnel comptent parmi les curiosités techniques du pays.

Blick auf Rendsburg: Teilansicht der Stadt mit Obereider und Kanal.

View of Rendsburg: Partial view of the town with Obereider and Canal.

Vue de Rendsburg: Vue partielle de la ville avec l'Obereider et le canal.

Die Autobahnhochbrücke bei Rade ist die modernste der sechs Kanalüberquerungen.

The motor way bridge at Rade is the most modern of the six Canal crossings.

Le pont d'autoroute près de Rade est la plus moderne des six traversées sur le canal.

Vielbesuchtes Naherholungsgebiet zwischen Rendsburg und Kiel: Naturpark Westensee.

Popular nearby recreation area between Rendsburg and Kiel: Park reservation Westensse.

Région de récréation à courte distance populaire entre Rendsburg et Kiel: Le parc naturel du Westensee.

Gut Bossee, eines der vielen Herrenhäuser rund um den Westensee.

The estate of Bossee, one of the many mansion-houses around the Westensee.

La ferme de Bossee avec un des beaucoup de manoirs autour du Westensee.

Gut Schierensee, erbaut von Casper von Saldern, gehört zu den drei historischen Schlössern am Westensee.

The estate of Schierensee, built by Casper von Saldern, belongs to the three historical castles at the Westensee.

La ferme de Schierensee – le manoir fut construit par Casper von Saldern et est un des trois châteaux historiques sur le Westensee.

Landeshauptstadt Kiel – Start der Eröffnungsregatta zur Kieler Woche.

Capital Kiel – Start of yachtingrace during Kiel-Week.

Kiel, la capitale de Schleswig-Holstein, régates pendant le Kieler Woche.

Zu den Olympischen Spielen 1972 entstand das Segelzentrum Schilksee an der Kieler Förde.

The sailing centre of Schilksee at the Kiel Fjord was built for the Oympic Games of 1972.

Le centre de voile à Schilksee sur la calanque de Kiel fut contruit à l'occasion des Jeux Olympiques de 1972.

Wahrzeichen und Mahnung zugleich: das Marine-Ehrenmal von Laboe.

Sign and reminder at the same time: The naval memorial of Laboe.

Caractéristique et avertissement au même temps: Le monument aux victimes de la guerre navale de Laboe.

Vor den Toren Kiels – das Freilichtmuseum in Rammsee.

Outside the gates of Kiel – the open-air museum at Rammsee.

Devant les portes de Kiel – le musée de plein air à Rammsee.

Der Vorläufer der Kieler Universität: das Kloster Bordesholm.

The predecessor of the university of Kiel, the monastery of Bordesholm.

Le précurseur de l'université de Kiel, le monastère de Bordesholm.

Neumünster – im Holsteinischen – ist eine bedeutende Industriestadt mit Einkaufszentrum.

Neumünster – in Holstein – an import industrial town with a worth-wile shopping centre.

Neumünster en Holstein est un ville industriale importante avec un centre d'achat qui vaut la peine.

Einst Klosterstadt, ist Preetz heute Luftkurort und Eingangstor zur Holsteinischen Schweiz.

Once a monastery town, Preetz is today a health-resort and acces to the Holsteinische Schweiz.

Autrefois une ville de monastère, Preetz est aujourd'hui une station climatique et l'accès à la Suisse de Holstein.

Gut Panker bei Lütjenburg, Sitz des Prinzen Moritz von Hessen, zählt zu den schönsten Herrensitzen des Landes.

The estate of Panker, seat of the Prince Moritz of Hessen, is one of the most beautiful mansion-houses of Schleswig-Holstein.

Le manoir de la ferme de Panker près de Lütjenburg, le siège du prince Moritz de la Hessen, est un des plus beaux manoirs du pays.

Vom Aussichtsturm Hessenstein auf dem Pielsberg bietet sich ein weiter Blick auf das Küstenland zwischen Kiel und Fehmarn.

The look-out tower of Hessenstein on the Pielsberg offers a wide view of the coastal area between Kiel and Fehmarn.

Le belvédère de Hessenstein sur le Pielsberg offre une ample vue du littoral entre Kiel et Fehmarn.

In der ostholsteinischen Seenlandschaft liegt das Schloß Plön, heute als Internat genutzt.

In the eastern Holstein lake district the castle of Plön, used today as boarding-school, is situated.

Dans la zone des lacs du Holstein de l'est le château de Plön est situé, utilisé aujourd'hui comme internat.

Die Prinzeninsel im Plöner See.　　　The Prinzeninsel in the Plön lake.　　　Le Prinzeninsel dans le lac de Plön.

Malente-Gremsmühlen, Kurort am Keller- und Dieksee und Ausgangspunkt der beliebten Fünf-Seen-Fahrt.

Malente-Gremsmühlen, health-resort at two lakes (Kellersee and Dieksee), and starting point for the popular Five-Lakes-Trip.

Malente-Gremsmühlen, station thermale sur le Kellersee et le Dieksee et point de depart pour le voyage populaire sur les cinq lacs.

Malente Malente Malente

In der Rosenstadt Eutin, dem Geburtsort Carl Maria von Webers, finden alljährlich Sommerfestspiele auf einer in den See gebauten Freilichtbühne statt.

In Eutin, the so-called town of roses and birthplace of Carl Maria von Weber, every year a summer festival takes place on an open-air stage in the lake.

En Eutin, la ville des roses et lieu de naissance de Carl Maria von Weber, chaque année un festival d'été a lieu sur une scène de plain air placée dans le lac.

Die Fehmarnsundbrücke ist Kernstück der Vogelfluglinie und verbindet die Insel Fehmarn mit dem Festland.

The Fehmarnsund-Bridge is the heart of the so-called Vogelfluglinie and joins the island of Fehmarn with the continent.

Le pont sur le Fehmarnsund est la partie essentielle de la dite Vogelfluglinie et lie l'île de Fehmarn à la terre ferme.

Flügger Leuchtturm auf Fehmarn, umgeben von blühenden Rapsfeldern.

The light-house of Flügge on Fehmarn, surrounded by flowering rape-fields.

Le phare de Flügge sur Fehmarn, environné de champs de colza en fleur.

Ferienzentrum Burgtiefe auf Fehmarn mit dem herrlichen Südstrand.

Holiday centre Burgtiefe on Fehmarn with the wonderful southern beach.

Le centre de vacances de Burgtiefe sur Fehmarn avec la plage excellente au sud.

Der Leuchtturm Dahmeshöved ist ein weithin sichtbares Kennzeichen an der Lübecker Bucht.

The light-house of Dahmeshöved is a far off visible sign at the bight of Lübeck.

Le phare de Dahmeshöved et une caractéristique visible au loin sur la baie de Lübeck.

Dahme – eines der vielbesuchten Familienbäder an der Lübecker Bucht.

Dahme – one of the popular family watering-places at the bight of Lübeck.

Dahme – une des plages de famille populaires sur la baie de Lübeck.

Ostseebad Grömitz an der Bäderstraße mit seinem modernen Yachthafen.

The watering-place Grömitz at the Baltic Sea with its modern yachting port.

La plage de Grömitz sur la mer Baltique avec son port de yachting moderne.

Travemünde – Kongreßzentrum und zugleich mondänes Ostseebad mit Spielkasino. Im Vordergrund das Segelschulschiff „Passat" und eines der vielen skandinavischen Fährschiffe.

Travemünde – congress centre at the same time fashionable watering-place at the Baltic Sea with casino. In the foreground the sailing training ship "Passat" and one of the many scandinavian ferries.

Travemünde – centre de congrès et au même temps une plage mondaine sur la mer Baltique avec casino. Au premier plan le voilier d'entraînement «Passat» et un du grand nombre des ferry-boats scandinaves.

Lübeck, die Königin der Hanse, hat sich auch im Stadtbild viel von ihrer einstigen Größe bewahrt.

Lübeck, the queen of the Hanse, has guarded also in its appearance a lot of its former grandeur.

Lübeck, la reine de la Hanse, a gardé aussi quant à l'aspect de la ville beaucoup de sa grandeur d'autrefois.

Vor dem Kalkberg in Bad Segeberg finden alljährlich die weithin bekannten Karl-May-Festspiele statt.

In front of the lime sand stone rocks at Bad Segeberg every year the well-known Karl May Festival takes places.

Devant la coulisse des roches de grès calcaire en Bad Segeberg chaque année le festival de Karl May, bien connu dans toute la région, a lieu.

Bad Oldesloe – eine der ältesten Städte des Landes – einst für seine Salzquellen bekannt.

Bad Oldesloe – one of the oldest towns of Schleswig-Holstein, once known for its salt sources.

Bad Oldesloe – une des plus vieilles villes du pays, connue autrefois pour son sources salines.

Ratzeburg ist das Zentrum des deutschen Rudersports, sein Dom gehört zu den monumentalsten Bauten der romanischen Baukunst im Norden.

Ratzeburg is the centre of the german rowing-sport, its cathedral belongs to the most monumental works of Romanesque architecture in the north.

Ratzeburg est le centre de l'aviron allemand, sa cathédrale est une des constructions les plus monumentales du style romain au nord.

Der Sachsenwald des „Eisernen Kanzlers" vor den Toren Hamburgs; in Friedrichsruh liegt Bismarck begraben.

The Sachsenwald of the "Iron Chancellor" outside the gates of Hamburg; Bismarck is buried in Friedrichsruh.

Le Sachsenwald du «Chancelier de Fer» devant les portes de Hambourg; Bismarck est enterré à Friedrichsruh.

Mölln, die zauberhafte Stadt Till Eulenspiegels, liegt an der historischen Salzstraße.

Mölln, the lovely town of Till Eulenspiegel, is situated at the historical Salt road.

Mölln, la ville enchanteuse de Till Eulenspiegel, est située sur la route de sel historique.

Lauenburg an der Elbe; Grenzübergang für die Flußschiffahrt in die DDR.

Lauenburg on the Elbe; frontier-crossing for the river-traffic to the GDR.

Lauenburg sur l'Elbe: Lieu frontière pour la navigation fluviale vers la RDA.

Ein Blick über die Landesgrenze:

Hansestadt Hamburg – Tor zur Welt – und sein modernes Wahrzeichen, die Köhlbrandbrücke.

A view over the border:

Hanseatic town Hamburg – gate to the world – and its modern sign, the Köhlbrand-Bridge.

Un coup d'œil au-delà de la frontière du pays:

La ville Hanséatique de Hambourg – porte au monde – et sa caractéristique moderne, le pont de Köhlbrand.

Kirchen, repräsentative Bauten, aber auch alte Speicher, prägen das Gesicht der Hamburger Innenstadt.

Churches, representative buildings, but also old granaries characterize the face of the city of Hamburg.

Des églises, des constructions représentatives, mais aussi des vieux magasins créent la face du centre-ville de Hambourg

Ozeanliner, Überseebrücke und der alte, in aller Welt bekannte Michel sind die Symbole des Hamburger Hafens.

Ocean-Liners, the oversea bridge and the old Michel, known world-wide, are the symbols of the port of Hamburg.

Des transatlantiques, le pont d'outre-mer et le vieux Michel, connu dans le monde entier, sont les symboles du port de Hambourg.

Traditionsreiches Zentrum der Kutterfischerei ist Finkenwerder; hier war Rudolf Kinau zu Hause.

Finkenwerder is a centre of boat fishing with a long tradition; here Rudolf Kinau was at home.

Finkenwerder est un centre de la pêche de cotre; ici était le domicile de Rudolf Kinau.

Schleswig-Holstein im Winter

Meldorf

Schleswig-Holstein in winter

Meldorf

Schleswig-Holstein en hiver

Meldorf

Nord-Ostsee-Kanal bei Hochdonn | The Kiel Canal at Hochdonn | Le canal de la mer du Nord à la mer Baltique à Hochdonn

Kappeln und die Schlei — Kappeln and the Schlei — Kappeln et la Schlei

Schleswig   Schleswig   Schleswig

Wasserschloß Glücksburg — Glücksburg water castle — Le château à eau de Glücksburg

Klosterkirche Bordesholm | The monastery church of Bordesholm | L'église conventuelle de Bordesholm

Freilichtmuseum Kiel-Rammsee   The open-air museum at Kiel-Rammsee   Le musée de plein air à Kiel-Rammsee.